房仲

養花

寶典

賣厝阿明◎著

房仲葵花寶典是賣厝阿明 知識＋邁入社群第三方買房知識平台八年代表作，阿明團隊希望能透過正向有趣圖文方式，從善的方式出發，淺移默化導正從業人員執業理念，進而達到協助政府提升不動產經紀行業文化與知識水平，打造不動產買賣交易安全目的。

房仲葵花寶典是台灣第一本專爲不動產經紀行業發行的業務生態圖解工具書，這本房仲生態工具書，由房仲鹹酸甜、房仲漫畫館、房仲功夫館三個主題串聯。

1．房仲鹹酸甜：

這裡的內容從不動產經紀營業員之營業543面向衍生，我們透過有趣單元型態，刻畫出不動產經紀從業人員從事行業百態。

２．房仲漫畫館：

這個單元是將大家記憶中的童趣故事，用房仲業務元素導入，透過有意義的故事情節轉化，讓每一個故事篇章都充滿房仲正能量．

３．房仲功夫館：

這個篇章講述不動產行業人員從事房仲業務應有工作精神與自我要求規範，透過團隊曾經從事業務工作的親身經歷撰構而成，希望能從大學長經驗中，協助每位從業人員找到自己正向從業價值．

賣厝阿明知識＋團隊希望藉由房仲葵花寶典這本書的發行，打通每一位想從事不動產經紀營業員業務生涯任督二脈，一起來守護每個民眾成家夢想～甘巴爹～

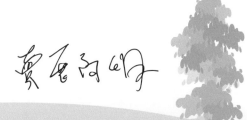

房仲 葵花寶典 目次

第一式－房仲鹹酸甜

房仲基本功	008
卽使是下雨天房仲依然..	009
強哥的故事	010
阿呆請你擦亮眼	011
人客麥來亂	012
價格很重要	013
顧客有事嗎	014
名嘴喇D賽	015
房仲服務升級之大觀園	016
房仲便利店	017
凶宅三樣情	018
賣陰宅	019
好兄弟賞屋團之歡迎光臨	020
好兄弟賞屋團之謝謝光臨	021
鬼月的16個禁忌	022
男兒當自強	024
房仲鹹酸甜	025
看曆先拜神	026
路人有事嗎	027
風水老師卡好	028
成交是一條無止盡的道路	030
三代買房不同調	031
房仲風雲路~菜鳥傳說	032
房仲的聯賣時代	033
買賣大不同	034
顧客的異想世界	035
房仲的夢想世界	036
房仲省不了的三種錢	038
A級買方養成術	039
廣告不實~阿姨自拍	040
貼小黃	041
房仲人員的10個秘密	042
不要浪費姐一分鐘幾百萬上下美好青春	044
冒泡三法寶	046
房仲業職場倫理~我一定會成功	048
求冒泡	049

第二式─房仲漫畫館

星座買房特性	052
房仲三國~天下一定是咱的	054
合法業者很重要~公主買房記	056
明仔小叮嚀	057
合法業者很重要~明仔調查局	058
買房圓夢記	060
賣房歷險記	061
賣曆郎ㄟ~都市奮鬥記	062
房仲鐵人養成術	064
明仔包青天	066
明仔小伯虎	068
七俠五義房仲版	070
濟公傳奇	072
白蛇買房傳	074
房仲岳小飛	076
房仲水滸傳	078
明仔西遊記	080
明仔打老虎	081

第三式─房仲功夫館

前進房仲業~基本條件篇	084
前進房仲業~小兵向前衝	085
前進房仲業~老鳥篇	086
前進房仲業~撞牆篇	087
前進房仲業~成長收穫篇	088
前進房仲業~創業篇	089
好房仲Ｉ注意服務賣方篇	090
正確觀念之房仲服務買方篇	091
房仲的一天	092
做房仲才知道的事	093
帶看安全事項	094
如果沒有房仲~屋主篇	096
如果沒有房仲~買方篇	097
讓客戶喜歡你的七個條件	098
顧客不喜歡的業務	100
讓客戶覺得需要你	102
如何才能得到屋主的信任	104
議價第一回：議價基本功~全力議價塑案	106
議價第二回：議價出奇招~已靜制動	107
議價第三回：突破僵局~就差臨門一腳	108
議價第四回：小秘訣大幫助	109
房仲售屋流程VS消費者售屋流程	110

第一式
房仲鹹酸甜

房仲基本功 ----------------------------- 008

即使是下雨天房仲依然.. ------------------- 009

強哥的故事 ----------------------------- 010

阿呆請你擦亮眼 ------------------------- 011

人客麥來亂 ----------------------------- 012

價格很重要 ----------------------------- 013

顧客有事嗎 ----------------------------- 014

名嘴喇D賽 ------------------------------ 015

房仲服務升級之大觀園 ------------------- 016

房仲便利店 ----------------------------- 017

凶宅三樣情 ----------------------------- 018

賣陰宅 --------------------------------- 019

好兄弟賞屋團之歡迎光臨 ----------------- 020

好兄弟賞屋團之謝謝光臨 ----------------- 021

鬼月的16個禁忌 ------------------------- 022

男兒當自強 ----------------------------- 024

房仲鹹酸甜 ----------------------------- 025

看厝先拜神 ----------------------------- 026

路人很有事 ----------------------------- 027

風水老師卡好 --------------------------- 028

成交是一條無止盡的道路 — — — — — — — — — — — 030

三代買房不同調 — — — — — — — — — — — — — 031

房仲風雲路~菜鳥傳說 — — — — — — — — — — 032

房仲的聯賣時代 — — — — — — — — — — — — 033

買賣大不同 — — — — — — — — — — — — — — 034

顧客的異想世界 — — — — — — — — — — — — 035

房仲的夢想世界 — — — — — — — — — — — — 036

房仲省不了的三種錢 — — — — — — — — — — — 038

A級買方養成術 — — — — — — — — — — — — — 039

廣告不實~阿姨自拍 — — — — — — — — — — — 040

貼小黃 — — — — — — — — — — — — — — — — 041

房仲人員的10個秘密 — — — — — — — — — — — 042

不要浪費姐一分鐘幾百萬上下美好青春 — — — — — 044

冒泡三法寶 — — — — — — — — — — — — — — 046

房仲業職場倫理~我一定會成功 — — — — — — — 048

求冒泡 — — — — — — — — — — — — — — — — 049

房仲基本功

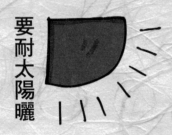

要耐太陽曬

要受冷風吹

即使是下雨天，房仲依然..

帶客戶看房子

沿街發派報

幫屋主關門窗

強哥的故事

① 強哥原是個上班族，在一次偶然機會中促成一筆土地交易,收到一個大紅包

② 強哥心想，出張嘴就有錢賺～立馬改行作仲介

③ 改行後才發現，單憑一張嘴要成交談何容易～
沒有成交、沒有收入、生活變的窮困潦倒

④ 後來朋友告訴他：仲介是需要專業知識和團隊方能完成的事業。強哥才大夢初醒，進入房仲公司把基本功練好，不再只想靠運氣賺錢

阿呆請你擦亮眼

阿呆，之前這間店面出售委託是跟誰談的

我和二齒談他說屋主交給他辦

相談甚歡

他有證明文件嗎？我連絡到屋主 屋主**沒有**要賣啊~

阿呆，你的專業、危機意識不足，鬧出烏龍，希望你經一事長一智

是的 我錯了

人客啊 麥來亂

【缺司機的】

今天不看房了，
前面左轉去菜市場

【只想問地址的】

就說給我地址
我自己去了啊

掛

嘟嘟嘟

【來推銷的】

一本萬利
保單

先別管房子的事，
你有買儲蓄險嗎?

【私下成交的】

你之前不是說
不滿意這間

阿咧，後來
屋主有算我便宜就…

價格很重要

正確的殺價心態

麻煩您，幫我
跟賣方談個合
理的公正價格
服務費不會少算的！

錯誤的殺價心態

等房仲殺完價…
換殺服務費…

好房仲不勉強顧客買房，
好客戶不成交過河拆橋！

顧客有事嗎？

阿明，我自備款/契稅/代書費...都湊齊了

恭喜

但是服務費湊不出來怎麼辦...

霸王餐...

名嘴喇D賽

名嘴 電視上口沫橫飛

這區房價已經崩盤了

房慘專家 莊董

房地產 大追擊 屋主拋售潮湧現 房市鬼城報你知

搞得房市一團亂

行情都亂了

名嘴喇D賽 民眾亂喊價 我苦啊~~

不降價就bye

專家說那區 1坪才多少而已

名嘴檯面上唱衰房市，檯面下自己賺飽飽

看屋團

房仲服務升級
門市大觀園

房仲便利店

凶宅三樣情

這間屋齡低，
設備齊全，
價格宜人，
雖然...

房仲：
只要屋主委託，我就
努力銷售。

我很不錯呦！

全區最便宜
總價
268萬
請洽阿明~

我怎麼感覺
冷冷的...

買方：
心裏面很矛‧‧‧‧

那是你自己嚇自己啦！

〇源樣黑體 TTF

呵呵呵！
又能低價
購入了！
這樣很有賺頭

投資客：
賣給我吧(5折)

驅邪

神清氣爽了！

賣陰宅

最近房屋的成交量緊縮，公司決定要兼賣陰宅塔位來增加收入。

好的BOSS，我會努力的。

阿飄大哥，我這裡有納骨塔和厝陰宅，包你不再怨氣滿滿。

嗚～我好苦呀～！

加99再送紙紮新娘喔！

好！我買了！

謝謝光臨！祝您一路好走！

鞠躬

19

好兄弟賞屋團
謝謝光臨

鬼月的16個禁忌

一、晚上不要拍照

容易鬼入鏡

二、不宜去醫院

三、小心鬼抓交替

四、避免搭末班車

鬼會跟著回家

五、不要搬家

怕鬼跟著入住

六、不要吹口哨

鬼會以為你在叫祂

七、拍肩喊名會滅三把火

阿明

八、不要戲水、游泳

22

鬼月的16個禁忌

九、不要靠牆走

傳說鬼貼牆走，靠牆走會跟鬼相撞。

十、不要半夜曬衣服

十一、不要穿破褲

以免好兄弟以為你是同類

十二、地上冥紙不要踩

十三、看電影不坐第一排

第一排是給鬼坐的

十四、不要拔腳毛

十五、筷子不要插在飯上

筷子插飯上會招來鬼

十六、鬼月不適合剪有瀏海的髮型

不要蓋住頭上的三把火之一，以免削弱元氣。

男兒當自強

假日無休、工作責任制、加班沒加班費、
免費清潔工、 臨時保母、業績被分配...

房仲鹹酸甜

把自己裝扮成三明治巨人，
只為了爭取千分之一的
成交機會...

看厝先拜神

1. 這間我有喜歡
   我再帶家人來看～

   好喔～等妳！

   （歡喜）

2. 我家人看了都喜歡
   連祖先也喜歡～
   但我還要回去問神～

   …好喔～等妳！

   （問神？）

3. 對不起
   神明說不能買…
   我就不買了…

   …………!!!

   （什麼！）

4. 下次可以先從問神開始嗎…

路人很有事

1 某天阿明帶看時，遇到刁難警衛

2 遇到碎嘴住戶

3 遇到講閒話阿伯

4 還好，遇到好同事

房仲風雲錄 風水老師

1 進門討吉利（暗示房仲要紅包）

我的羅盤上顯示，進門後要先拿個紅包才能鎮煞...

啊？好...

3 說房子不好（說自己可以幫他改風水）

這房子的風水很不好不過我可以幫你改，只要八萬八...

老師可不可以請您賣亂，

卡好

2 另一間卡好（其實自己是非法仲介）

我看了看，覺得另一間比較好，請跟我來……

4 每間挑毛病（這樣才有下一次的生意）

煙囪煞

棺材煞

天斬煞

穿堂煞

壁刀煞

困樹煞

留一口飯給我們吃…

成交是一條無止盡的道路

如果你遇到他們

**同一間看了又看
祖宗八代都要問過一遍**

各方面都滿意，但喜歡說…

**不知道自己要什麼
快把整區看完了才說…**

約好的時間，永遠看不到人

三代買房不同調

年輕人
看房子

中年人
看房子

老年人
看房子

房仲風雲錄-菜鳥傳說

聽說房仲很好賺

唉，說好的休假呢？

我適合這個行業嗎？

終於成交了！

我的未來不是夢，我相信明天會更好

每天穿著很帥的西裝上班！

房仲的聯賣時代

合法 以前 房仲
房仲品牌相互競爭

合法 後來 房仲
總部規定同品牌要聯賣

合法 現在 房仲
跨品牌房仲業者一起賣

非法 以前 房仲
各據一方，各憑本事

非法 後來 房仲
靠一張嘴聯賣

非法 現在 房仲
用line群組聯賣

好康逗相報(4)

大家po物件出來有錢一起賺

 有錢一起賺

 有錢一起賺

都過了一個月了
都沒人PO物件是怎樣!!!

買家看屋看好宅

賣家想要賣公寓

出價卻出公寓價...

卻開好宅價來賣！

買家

賣家

買賣大不同

約看房子不遲到
不放鳥！

OH ~
My Dream

房仲的
夢想世界

房仲省不了的三種錢

【廣告費】

網路刊登

999 售屋網

路邊廣告

景觀宅
3房
1230
091234

【罰款】

報紙刊登

電話費

嗶

環保

【進修費】

廣告不實-阿姨自拍

 嬌嬌
3分鐘前

有需要看房子、買房子記得找我喔！

389人說讚．留言．停止通知．分享

 奧客老王
你好可愛喔~可以約你看房嗎

 嬌嬌
好哇 那我們見面聊

貼小黃

在城市裡因為環保局抓得很兇，所以小黃都貼得很小張

鄉下地方沒人管，小黃都貼的超大張...

薪水超級不穩定，
有可能一年都沒有收入。

沒有下班時間，客戶
需要協助都要把握機會。

常因工作
私生活受

農曆七月買氣較淡，
通常是員工旅遊的好時機。

職業病是騎車、開車不
專心，聊天三句離不開
房地產。

最大的成
作良心事
戶由衷感

Holiday～～

房仲是協助你釐清需求，並隨時
請相信他們一定是為你好的～～記得釋出禮貌並尊

員的10個秘密

放朋友鴿子，
影響。

同事彼此是競爭關係，
好的前輩可遇不可求。

認識異性的機會比
別行業多很多。

就感來自，
業，得到客
謝跟肯定。

最想對社會新鮮人說：
事業家庭難兩全，但熬
過市場就是你的！

房價是建商或屋主訂的，
不要再說我們是造成房價
高漲的兇手了。

注意相關訊息的重要窗口，
重他們，千萬不要有給錢就是老大的心態喔 ◡

一句惹毛房仲的話大賽

1 客戶約看

來個一次收幹!!

Fighting

3 客戶放鳥

不來

再聯絡

空等2小時...

百萬上下美好青春

❷ 客戶遲到

再20分到啊!

(OS:1小時前也這麼說...)

❹ 守時是基本禮貌,老師沒教逆!!!

憤怒

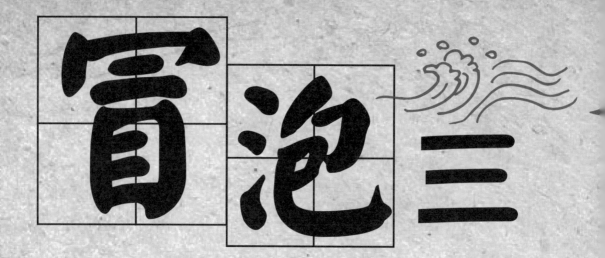

冒泡三

① 養魚

養金色或白色可加速催財！

② 拜地

拜地基主要在中午12點到下午5點間地基主喜歡吃雞腿雞腿記得不要切！

阿明提醒您，除了以上三招，也要

法寶

基主

❸ 拜土地公

土地公喜歡吃甜食口感軟的食物，可以拜麻糬、花生，成交後要記得幫土地公添香油錢~

認真跑業務、做開發喔 ！

房仲業職場倫理
我一定會成功

幫學長打掃清潔

幫學長寫看板張貼

幫學長買便當飲料

幫學長申請資料

幫學長送鑰匙、帶看

合理的教育是訓練 不合理的教育是磨練

48

求冒泡

聽說撿鞭炮屑可以求順利冒泡，我也來撿一些...

砰
砰

鞭炮屑？
鞭炮屑？
鞭炮屑呢？

唉呀！現在都改用環保鞭炮了啦！

第二式 房仲漫畫館

星座買房特性 ----------------------------- 052

房仲三國~天下一定是咱的 ----------------- 054

合法業者很重要~公主買房記 --------------- 056

明仔小叮噹 ------------------------------- 057

合法業者很重要~明仔調查局 --------------- 058

買房圓夢記 ------------------------------- 060

賣房歷險記 ------------------------------- 061

賣厝郎ㄟ~都市奮鬥記 --------------------- 062

房仲鐵人養成術 --------------------------- 064

明仔包青天 ------------------------------- 066

明仔小伯虎 ------------------------------- 068

七俠五義房仲版 --------------------------- 070

濟公傳奇 --------------------------------- 072

白蛇買房傳 ------------------------------- 074

房仲岳小飛 ------------------------------- 076

房仲水滸傳 ------------------------------- 078

明仔西遊記 ------------------------------- 080

明仔打老虎 ------------------------------- 081

土象星座 買房特性

金牛座♉

摩羯座♑

處女座♍

水象星座 買房特性

雙魚座♓

天蠍座♏

巨蟹座♋

火象星座 買房特性

買房送
液晶電視
立即帶回家

買啦!!!!

牡羊座 ♈

付款時發現忘記帶信用卡

射手座 ♐

偶要坪數大!居高臨下!水啦~

您真好眼光啊!

獅子座 ♌

風象星座 買房特性

該買二房有小孩房，
還是三房有孝親房？

天秤座 ♎

馬上查實價登錄給我看!!

雙子座 ♊

有頂樓可以玩高空彈跳的嗎？

火星上找找!

水瓶座 ♒

蝴蝶公主貪小便宜跟
非法房仲買城堡

但外表華麗的城堡
內部卻隱藏....

合法業者很重要
公主買房記

蝴蝶公主委託阿明&老闆
揭露非法房仲讓他俯首認罪！

最後，非法房仲賠償損失
蝴蝶公主從此知道買賣房
屋一定要找合法仲介！

阿明的目標是當一個人人稱羨的好房仲

專員 阿明

但是，卻碰到黑心房仲將漏水屋給阿明賣，不知情的阿明就這樣把房子賣給了客戶

明仔小噹噹

後來東窗事發客戶找上門來要阿明負責！小噹噹老闆從未來回來幫助阿明了～

老闆使出法寶還原真相順利幫助了阿明

合法業者很重要

明仔調查局

經過調查發現其購買宅爲

「凶宅」！！

明仔透過報章雜誌，就地調查

VV派出所

OO新聞
N年前,宅
內發現...

N年前....

最後他們協助客戶向
非法房仲求償合理賠償！

謝謝您～

嗚...

買房圓夢記

1. 接獲顧客買房訊息

2. 了解顧客買房動機

3. 評估顧客財務與工作狀況

4. 建議顧客買房類別與價格區間

5. 篩選物件，開始帶看

6. 成交後協助簽訂買賣契約，保障價金安全，售後服務

賣房歷險記

起點

我有房子要賣

1 查獲顧客售屋需求

2 物件估價　環境屋況勘查

售

3 簽委託約前的溝通　正式簽約

4 銷售前準備：敦親睦鄰　屋內/外環境打掃

歡迎參觀

售

5 開始銷售：透過網路　平面廣告、現場售屋

搬家公司

6 協助簽訂買賣契約，保障價金安全，售後服務

專業　成就感　收入

任務達成

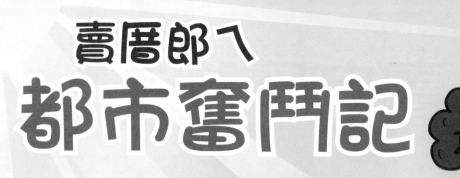

賣厝郎ㄟ都市奮鬥記

30H
課程
通過

第4關
學習開發/銷售技巧

第2關
營業員考試合格

第1關
仲介公司面試成功

不動產仲介

第3關
學習房屋估價方法

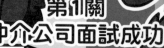

第7關
開業做老闆 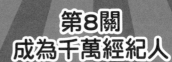開業

第8關
成為千萬經紀人

level up

不動產經紀人
合格

第6關
進修考取經紀人執照

千萬
經紀人

第5關
賣出人生第一個房子

房仲鐵人養成術

招式三：吃得比狗急

明仔包青天

升堂啦!!

開封有個包青天 　鐵面無私辨忠奸

① 他總是鐵面無私辨忠奸

你根本沒取得其他
所有權人同意出售

③ 奸詐的招數騙不到他

大膽!!
竟敢假冒買方來搶
狗頭鍘伺候

② 案件到他手上，決不偏袒任包庇

④ 經明青天認證，安心有保障

明仔小伯虎

皇天不負苦心人，有志者事竟成。
訂好目標，勇往直前，

明伯虎雖有穩定工作，卻感到有志難伸

有挑戰的工作
我來了!!!

華府

房仲第一品牌

專業經紀

晚上他挑燈夜讀，勤練口才

華府

房仲第一品牌

房子是用七種不同的建材
加上鋼骨結構
限量七七四十九間，
實為人生在世，必買良屋

進園中一望書無座位，

恨不能近身受得先生崇。

① 南俠展昭輔保包拯除暴安良為百姓津津樂道錦毛鼠白玉堂很不已為然。

展昭

包大人鐵面無私

展護衛英勇

③ 兩人都使出渾身解術 房子一間間成交。

成交 +40

成交 +39

2 錦毛鼠向展昭下戰帖 來比誰短時間幫最多人找到住的房子。

接受挑戰吧

4 比賽終了兩人都突破自己也幫助許多人,因此變成好朋友。

濟公傳奇

專門鋤強扶弱，教訓無道惡霸之人。

破鞋子破帽是在感化世人，穿梭風花雪月之地

1 濟癲和尚外表不修邊幅葷酒不忌，傳說他是降龍羅漢轉世為人解決紛擾

3 連最刁鑽的「九世奧客」也對他折服

我的夢之屋你都知道

② 他感化了「天價地主」讓他願意以合理價格把房地賣給需要的人

④ 他的故事不斷流傳，影響了很多人

白蛇買房傳

一定要找合法專業的人員。

買屋賣屋、不動產、以及土地，

❶ 相傳白蛇精只要有房就能修煉成人,但苦於沒有人幫助她。

我要買房 修練千年 就差最後一步

我們不做妳的生意

❸ 簽約那天白蛇被法海和尚抓走關進雷峰塔,許仙前去救白蛇精。

放了白姑娘!

2 白蛇精遇到善良熱心的許仙房仲員。

4 最終許仙救出白蛇精，兩人結為連理。

房仲岳小飛

不屈不饒，我是房仲岳小飛

捍衛每一個家庭圓夢理想，

❶ 岳小飛在大宋房屋上班，對於工作總有堅持

房子瑕疵都說出來誰還要買!?

老闆 宋高宗

特助 秦阿檜

業務 岳小飛

❸ 憑著卓越能力擁有好業績，但岳小飛卻被陷害

老闆厲害 賣出五棟 哪像某人業績掛零

岳小飛你被開除了

房子明明都是我賣的...

② 勇於拒絕不合裡的要求 因此成為老闆眼中釘

④ 幾年後 岳小飛開了自己的店證明他的理念是對的

房仲水滸傳

林沖
技藝超群 包裝大師

吳用
眼光精準足智多謀

宋江
好口碑眾人推

沒有三兩三豈敢上梁山...
房仲高手如雲買方賣方你準備好了嗎？

李逵
親力親為 實在可靠

魯智深
行銷一流 創意無限

武松
重情重義 真材實料

【明仔西遊記】

明悟空帶領豬八戒、沙悟淨保護唐三藏，
取締非法業者不良買賣行為。

明仔打老虎

明武松為民除害，打擊非法房仲老虎全靠...

【手】
處理過上千件物件

【腦】
不斷提升專業知識

【心】
為人服務的熱情

【腳】
每日勤於商圈精耕

非法

第三式
房仲功夫館

前進房仲業~基本條件篇 —————————————— 084

前進房仲業~小兵向前衝 —————————————— 085

前進房仲業~老鳥篇 ———————————————— 086

前進房仲業~撞牆篇 ———————————————— 087

前進房仲業~成長收穫篇 —————————————— 088

前進房仲業~創業篇 ———————————————— 089

好房仲Ι注意服務賣方篇 —————————————— 090

正確觀念之房仲服務買方篇 ————————————— 091

房仲的一天 —————————————————— 092

做房仲才知道的事 ———————————————— 093

帶看安全事項 ————————————————— 094

如果沒有房仲~屋主篇 —————————————— 096

如果沒有房仲~買方篇 —————————————— 097

讓客戶喜歡你的七個條件 —————————————— 098

顧客不喜歡的業務 ———————————————— 100

讓客戶覺得需要你 ———————————————— 102

如何才能得到屋主的信任 —————————————— 104

議價第一回：議價基本功~全力議價塑案 ————— 106

議價第二回：議價出奇招~已靜制動 ——————— 107

議價第三回：突破僵局~就差臨門一腳 —————— 108

議價第四回：小秘訣大幫助 ————————————— 109

房仲售屋流程VS消費者售屋流程 ————————— 110

前進房仲業 基本條件篇

想進入房仲業就要有...

腦袋要有
- 學習力
- 數字力

必備工具要有
- 筆、小筆記本
- 行動上網手機
- 筆記型電腦
- 摩托車
- 一雙好鞋

臉上要有
- 親和力
- 笑容

心中要有
- 同理心
- 企圖心
- 熱情正向
- 責任感

腳上要有
- 行動力

前進房仲業 小兵向前衝

剛入行沒什麼經驗和人脈的房仲小兵必備...

· 飽滿熱情 ·
喜歡多變精彩的工作

房地產
分析
好收入
應對
行銷

· 堅定信念 ·
讓人信任的魅力和助人的專業

謝謝您願意信任我

你的用心我都有感受到

· 十足拼勁 ·
別人做不來的我來

逃

我去!!!!

誰要去守現場兼舉牌

· 耐操凍頭 ·
戲棚下 站久了就是你的

到職滿一年!
我們撐過來了!!!!

Fighting!!

前進房仲業 老鳥篇

前進房仲業 撞牆篇

當房仲工作陷入低潮時需要的是...

・旁人開導・

去休個假，放鬆一下

老闆旅費...

・放鬆一下・

我也要喊...

我很棒
我可以的

・找回初衷・

以前怎麼這麼菜
但充滿幹勁...

菜鳥日誌

・曙光乍現・

售屋網
詢問5則

line客戶
訊息5則

我復活了!!

來店
2組

手機
來電3通

前進房仲業 成長收穫篇

房仲業起薪比一般行業
起薪高，還有獎金
還可以・・・

可以學到

- ☑ 不動產買賣知識
- ☑ 個人品牌經營
- ☑ 熟悉各種行銷工具
- ☑ 銷售技能培養
- ☑ 溝通協調能力

可以看遍各種房子，
接觸各種人處理各種狀況

可以擁有不錯的收入
提升家庭生活品質

拿到獎金
帶家人出遊

可以有機會創高薪，
只要你肯多學習多付出

前進房仲業 創業篇
房仲人生勝利組，開一間屬於自己的店

好房仲Ｉ注意
服務賣方篇

好房仲的七不五要

⊗ 七不一次看

1. 不惡意破壞同行委託

2. 不惡意加價誘導賣方委託

3. 不提供不實成交紀錄誘導賣方低價委託

NO

4. 不配合投資客坑殺賣方

5. 不靠第一手優勢資訊自己下場買房炒房

6. 不刻意作假買方甩弄賣方

7. 不承諾不能負責說法

✓ 五要，要甚麼？

1. 要告知專任約與一般約差異

2. 要提供賣方售屋稅費估算及文件準備

3. 要善盡誠實服務賣方義務

4. 要善盡市場價格／屋況／環境／產權…調查與告知義務

5. 要加強專業服務技能，用知識與經驗保護消費者權益

正確觀念之買方篇 房仲服務

1 清楚掌握客戶需求

2 協助用合理價格買到最適合物件

3 詳細告知要約書與斡旋金差異

7 詳細告知買方需準備的文件及流程

4 善盡誠實服務義務，不製造很多客戶搶買假象

5 不製造虛假屋況與價格資訊

6 加強自身專業服務技能，用知識與經驗保護消費者權益

───── 買房六大流程 ─────

1 付定

2 簽約

3 用印

4 完稅

5 過戶

6 交屋

房仲的一天

9:00 早會 報告一天的行程

10:00 陌開行程
派報發傳單或網路查物件

13:00 社區服務
成為居民的好夥伴，滿足居住生活的需求，過程中認識人、被認識，被信任。

15:00 房屋帶看

陪客戶看屋，幫客戶找到合適的物件。

17:00 拜訪潛在客戶
到屋主家按電鈴拜訪希望能多簽個委託。

20:00 電訪回報客戶

電訪客戶詢問有無買屋、賣屋意願，藉此建立物件資料庫。電訪今天服務過的客戶了解他們的感受或是新的想法。

除了以上工作，還要製作報表，做明日行程規劃，手機也是永遠處於開機狀態...你準備好了嗎？

做房仲才知道的事

發現自己超有廣告創意

練就和人催熟的本領

邏輯性變強

身體變得好好

上菜市場知道如何殺價

看很多房子，以後裝潢自己設計

上很多課

很會看人

家人從懷疑到支持

帶看安全注意事項（一）

◎帶看赴約前，務必確認對方身份、人數。

◎個人包包、公事包、手機皆不可離身！

◎出發帶看前，與同事約好，每半小時聯繫一次，除了確保安全，亦可做促銷！

◎切勿使用客戶提供的飲品，自己攜帶的飲料不離開視線。

◎洽談時，請相約在店頭或公開的營業場所。

◎避免搭乘陌生人的車輛；若需上車，應要求坐於後座或於上車前確認後座是否有人埋伏。

◎發現有可疑人士尾隨，應提高警覺，必要時，可按路旁住戶門鈴求助。

◎隨身攜帶個人警報器，如：哨子、防狼噴霧劑等。

◎切勿單獨與客戶前往看屋，建議二人結伴同行，互相照應。看屋時，大門請保持敞開。

◎拒絕客戶其他的應酬、邀約活動。

◎走在客戶後方，保持二步距離。

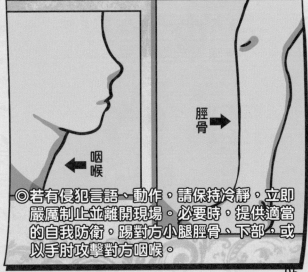

◎若有侵犯言語、動作，請保持冷靜，立即嚴厲制止並離開現場。必要時，提供適當的自我防衛，踢對方小腿脛骨、下部，或以手肘攻擊對方咽喉。

廣告自己來.....無效

誰來撕一張也好

自售
洽04-2345

三更半夜接電話....好睏

似夢非夢

能過去看房嗎?

01:03

清潔打掃自己來.....好累

蛤!你要取消
不來看房子了

沒行情亂砍價.....好痛

這房貴又漏水
西曬又不通風
打六折都嫌貴

別這樣說
我的房子

房仲業的 酸甜苦辣!!

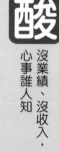

酸

沒業績、沒收入,
心事誰人知

口袋空空

甜

圓每個人
想想家的夢想

夢想家

不動產說明書....沒有

給我完整記錄屋況和產權的
不動產說明書

嘖! 房子用眼睛看最清楚了!

屋況和附近嫌惡設施....不明

附近都沒有墳墓、加油站、宮廟、變電所

其實不清楚

明明有看到墓仔埔!!!

付款用履保帳戶....不行

錢直接匯到我戶頭 省時、可靠

帳號

琳瑯滿目房貸方案.....霧煞煞

利息?

寬限期??

貸款年限??

您撥的電話是空號

最後仲介公司能提供完整的售後服務
不用擔心買完後有問題找不到賣方

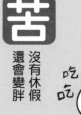

苦

沒有休假 還會變胖

壓力好大哦~

吃吃

辣

廣告做不完 罰單繳不完

做不完~

讓顧客喜歡你的七個要件

哥是萬人迷！

1. 你會考慮顧客立場

如果未來有考慮生比較建議買三房的房屋喔！

4. 你認同客戶的想法

這個想法不錯喔！

呵呵呵．．沒有啦只是小小的意見啦

5. 你值得顧客得信賴

卡給你，幫我繳水電費吧

這不好吧．．．．

2. 你希望對顧客有所幫助

定期維護公設的美觀

3. 你成為顧客無所不談好朋友

這家的蛋糕超好吃的！

對啊對啊！

6. 你信守對於顧客的承諾

答應妳的事我一定會做到！

好．．．

7. 你成為顧客買賣房地產的最佳顧問

買房　賣房

顧問

~我的時間是很寶貴的~ 〝〞顧客

1. 態度傲慢又不尊重客戶

我是房仲！還是你是房仲！

痾‧‧‧‧我不是這個意思‧‧‧‧

2. 產品不符合顧客需求還強行推銷

可是我只有一個人要住耶

買兩層樓吧！現在很划算！

5. 自己一直講，不讓客戶表達

6. 不守信用、不守時

不喜歡的業務

3. 洩漏顧客隱私

4. 服裝儀容不整、形象不好

7. 欺瞞顧客，說話不實在

8. 成交後服務不佳

讓客戶覺得需要你

來！哥的肩膀給你靠

1. 提供買屋、賣屋、租屋的基本服務項目，成為顧客全方面房地產銷售顧問

買屋　賣屋　租屋

4. 讓顧客感覺你的訴求明確及解說清楚。

本物件
**坐南朝北，陽光充足
近捷運站，交通方便**

喔⋯了解！

5. 讓顧客信賴你專業與售後服務

絕對會找到適合您的房子！
房子有任何問題都能跟我聯絡！

2. 提供最好的物件，
讓顧客覺得你是他的最佳選擇

3. 適當的狀況讓顧客有佔便宜
的感覺，讓顧客感覺交易佔
上風

6. 讓顧客可以對你訴苦

7. 讓顧客在圓滿的氣氛中
愉快交易

如何才能得到屋主的信任

準備充分的資料

提出與其他仲介不同的說法及觀點

展現親和力與熱忱

談話中讓屋主覺得您真的可以幫到他

跟屋主的家人打好關係

詳盡的分析及解說

完整有說服力的銷售計畫

時時問候與關心

製造不經意碰面的機會

攀親帶故拉近關係

時常提供屋主有趣的資訊

議價基本功 全力議價塑案

● 行情建議 ●

優勢 (S)	屋齡新
劣勢 (W)	排水設計不良
機會 (O)	新興社區 鄰近幹道
威脅 (T)	附近類似新屋多

不要等真有人出價才開始議價,先依市場行情給建議。

● 持續回報 ●

拜訪　LINE　電話

不定時 不定點 不定事回報,勿臨時抱佛腳。

● 聚焦看屋 ●

淹水　老舊　基地台

帶看多組顧客,挑出房屋缺陷,讓屋主產生壓力。

● 信任第一 ●

沒辛苦度無法建立信任,無信任就議價屋主會認為是仲介能力不足。

議價出奇招 以靜制動

● 冷處理 ●

這價格現在賣不掉建議出租吧

驚!!

努力經營許久屋主仍死守價格,此時議價不正面直擊而改以退為進。

● 乏人問津 ●

您不來了嗎?

開價過高導致沒人看屋,讓屋主知道情況,並促使屋主思考降價。

● 帶看不在量 ●

買方是小家庭自住且存款足

好客戶難得,真的會買的一個就夠了。

● 切勿躁進 ●

欣賞你態度好 不會亂掰

懂得活用技巧知所進退。太多花招會招致反感。

突破僵局 就差臨門一腳

● 見面談 ●

價差部分一人讓一半 如何?

見面三分情,雙方見面,現場感受

● 換人談 ●

這位是我同事

我有客戶在找附近房子

換同事談 甚至換地點談 有機會突破盲點。

● 強勢主導 ●

這是很好的價位,我努力去說服買方

當場合已陷入僵局 幫顧客做主,強勢引導

● 從中調和 ●

稅務問題都可以問代書

代書事務所

當談判僵局,就讓主管、代書或對方可以信任的人從中調和,加速協議

小秘訣大幫助

● 投其所好 ●

禮多人不怪，有些客戶喜歡聽好話，製造緩和氣氛。

● 坪數議價 ●

以100坪物件為例

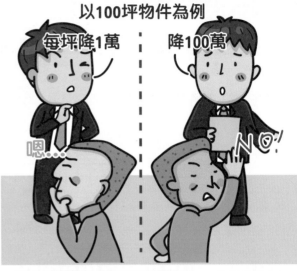

大坪數用坪數單價來議，小坪數用總價來議。

● 現金誘惑 ●

多數的人無法抗拒金錢的誘惑，拿著銀行支票及現金，堪稱絕對管用

● 盡其在我 ●

對自己有信心，切勿自我設限、議價心薄弱。

房仲售屋流程

消費者售屋流程
房仲
合約保障
問房仲
成交
售後服務
老闆跳樓
980萬
380萬
已讀不回
成交
銷售中
履約保證
公會保證
網路廣告
平面廣告
客戶媒合
專業介紹
售後服務?

國家圖書館出版品預行編目(CIP)資料

房仲葵花寶典/賣厝阿明著. -- 1版. -- 臺中市：彩酷行銷工作室, 2023.08

面； 公分

ISBN 978-986-06546-2-2(平裝)

1.CST: 不動產經紀業

554.89   112011866

房仲葵花寶典

作　　者／賣厝阿明

發行人／彩酷行銷工作室

聯合發行人／臺灣厝買賣文化發展協會、新竹縣不動產仲介經紀商業同業公會

編輯校正／李國興、葉美君、呂憶媚

出版者／彩酷行銷工作室

地　　址／台中市南屯區(408)向上南路一段163號12樓

電　　話／(04)3600-8677　　傳　眞／(04)3600-8611

代 理 經 銷／白象文化事業有限公司

地址／403台中市東區和平街228巷44號

電話／04-2220-8589　　　傳眞／04-2220-8505

ISBN／978-986-06546-2-2

版　次／2023年8月1版1刷

定　價／499元

版權所有・翻印必究 (未經同意不得將本著作物之內容以任何形式使用)